아름다운 인생

가로세로 같은 시

아름다운 인생

초판 1쇄 인쇄 2019년 4월 10일
초판 1쇄 발행 2019년 4월 12일

신고번호 제313-2010-376호
등록번호 105-91-58839

발행처 보민출판사
발행인 김국환
편집 정은희
지은이 이길수
디자인 김민정

주소 인천시 서구 불로동 769-4번지 306호
전화 070-8615-7449
사이트 www.bominbook.com

ISBN 978-89-97159-84-0 03800
CIP 2019009476

아름다운 인생

가로세로 같은 시

이길수 시집

서문

가로세로 같은 시를 상상하는 것
자체가 환상일지라도
어느 서점에서 독자를 기다리는
완전체의 시집을 꿈꿨다
그 꿈같은 일이 한글 창제 이래
576년 만에 이루어졌다

응원과 조언, 그리고 시작을 함께해주신
홍익대 김기수 교수님께 영광을 돌립니다

목차

제1부. 5×5=25자 한글퍼즐

제2부. 6×6=36자 한글퍼즐

제3부. 7×7=47자 이상 한글퍼즐

제1부

5×5=25자 한글퍼즐

당신의 미소

당 신 의 미 소
신 께 기 원 중
의 기 충 천 한
미 원 천 임 이
소 중 한 이 여

그대가 좋아

그 대 가 좋 아
대 단 히 아 주
가 히 선 서 해
좋 아 서 미 처
아 주 해 처 럼

행복한 인생

행 복 한 인 생
복 많 이 생 겨
한 이 없 다 오
인 생 다 축 복
생 겨 오 복 이

웃음꽃 핀다

웃 음 꽃 핀 다
음 미 한 다 오
꽃 한 송 이 지
핀 다 이 쁘 게
다 오 지 게 해

장미빛 인생

장 미 빛 인 생
미 소 의 정 기
빛 의 삶 사 는
인 정 사 랑 만
생 기 는 만 복

장미빛 입술

장 미 빛 입 술
미 인 에 가 보
빛 에 걸 맞 다
입 가 맞 대 니
술 보 다 니 다

봄이 다가와

꽃이피나봄
이몸도꽃이
피도향되다
나꽃되는가
봄이다가와

봄날이 간다

봄날이간다
날잡고가나
이고운생이
간가생명들
다나이들지

따스한 햇살

따스한햇살
스민창빛나
한창인봄날
햇빛봄맞은
살나날은꿈

다가온 햇살

다가온햇살
가지도빛이
온도따스한
햇빛스민바
살이한바탕

비 개인 오후

춤추나나비
추적하는개
나하루시인
나는시쓰오
비개인오후

나리 개나리

나리꽃만개
리고향사가
꽃향에기웃
만사기사는
개가웃는다

*리 : 도면리

가을이 와요

뜨거운밤가
거의이별을
운이찬빛이
밤별빛고와
가을이와요

중년에 가을

궁중가는중
중후한매년
가한능력에
는매력인가
중년에가을

* 궁중 : 대궐 안(성공을 상징)

단풍 널 보며

넌불타인가
불타는생을
타는가을빛
인생을반추
가을빛추억

떨어진 낙엽

떨어진낙엽
어엿한원서
진한색에인
낙원에띄운
엽서인운명

마지막 잎새

마지막잎새
지는가이날
막가며춤을
잎이춤춘기
새날을기원

마지막잎새
지는가을날
막가다보오
잎을보듬지
새날오지요

마지막잎새
지는가을에
막가며본나
잎을본허무
새에나무여

12월의 선물

12월의선물
월등중한건
의중한맘보
선한맘이다
물건보다정

캐롤송 찬가

크리스마스
리듬타음미
스타일이는
마음이화평
스미는평온

첫눈이 와요

첫 눈 이 와 요
눈 에 눈 이 요
이 눈 관 리 해
와 이 리 좋 지
요 요 해 지 네

오뚝이 정신

오 뚝 이 정 신
뚝 심 에 열 성
이 에 필 적 한
정 열 적 자 세
신 성 한 세 계

꽃과 별 하늘

꽃 과 별 하 늘
과 히 빛 나 나
별 빛 창 가 에
하 나 가 된 벗
늘 나 에 벗 님

지구 해별달

지 구 해 별 달
구 르 는 이 밤
해 는 단 잠 에
별 이 잠 깰 차
달 밤 에 차 네

이별과 저달

이별과저달
별이연달아
과연빛이나
저달이밝지
달아나지요

고마운 달빛

고마운달빛
마냥좋은나
운좋게보는
달은보름달
빛나는달밤

아름다운 달

1

낭만도많아
만족한이름
도한껏찬다
많이찬기운
아름다운달

2

아름다운달
름름한행차
다한날이오
운행이부른
달차오른밤

* 름름하다 : 늠름하다의 북한말

꽃 속의 꿀벌

꽃 속 의 꿀 벌
속 향 기 좋 은
의 기 롭 게 요
꿀 좋 게 빨 지
벌 은 요 지 경

백마산 기상

백 마 산 기 상
마 음 도 통 쾌
산 도 솔 찬 한
기 통 찬 정 기
상 쾌 한 기 분

맑은 술 한 잔

맑 은 술 한 잔
은 근 한 맛 에
술 한 껏 찬 미
한 맛 찬 유 혹
잔 에 미 혹 돼

술 한 잔 하고

술 한 잔 하 고
한 결 더 고 운
잔 더 해 진 정
하 고 진 인 생
고 운 정 생 겨

미완성 인생

미완성인생
완벽하고자
성하는의는
인고의연속
생자는속타

나그네 설움

나그네설움
그즐거움이
네거리에튼
설움에울고
움이튼고향

* 성하다 : 기운이 왕성하다
* 튼 : 트다(움트다)

꽃보다 미소

1

최 고 멋 진 꽃
고 결 한 심 보
멋 한 껏 인 다
진 심 인 성 미
꽃 보 다 미 소

2

꽃 보 다 미 소
보 면 왕 대 박
다 왕 진 단 해
미 대 단 하 지
소 박 해 지 네

새들이 합창

새 들 이 합 창
들 녘 에 주 연
이 에 무 한 히
합 주 한 애 들
창 연 히 들 려

풀잎 위 이슬

풀 잎 위 이 슬
잎 새 에 번 쩍
위 에 서 공 연
이 번 공 튀 기
슬 쩍 연 기 해

* 이번 : 두 번 또는, 이제 막

번지는 물결

눈부신매번
부를비우지
신비기세는
매우세찬물
번지는물결

종일 비오나

종일비오니
일깨는사랑
비는가내꿈
오사내맘속
니랑꿈속을

가화만사성

가 화 만 사 성
화 목 만 기 대
만 만 세 위 한
사 기 위 없 나
성 대 한 나 날

한 줄기 희망

번 성 무 한 한
성 공 기 세 줄
무 기 한 상 기
한 세 상 환 희
한 줄 기 희 망

* 기세 줄 : 기운차게 뻗는 줄기

찻잔의 여유

찻잔의여유
잔속기운도
의기전이한
여운이벅차
유도한차향

휴식이 보약

휴식이보약
식후보강중
이보신은왕
보강은길이
약중왕이다

고단한 인생

고 단 한 인 생
단 정 은 심 각
한 은 참 많 지
인 심 많 으 마
생 각 지 마 라

주어진 오늘

주 어 진 오 늘
어 엿 한 직 진
진 한 정 충 실
오 직 충 직 한
늘 진 실 한 삶

꽃 같은 여사

꽃 같 은 여 사
같 이 하 는 나
은 하 수 건 너
여 는 건 사 랑
사 나 너 랑 둘

붉어진 얼굴

붉 어 진 얼 굴
어 엿 이 굴 지
진 이 한 빛 의
얼 굴 빛 낸 꽃
굴 지 의 꽃 밭

2019년 친구

좋 다 성 품 2
다 귀 하 환 0
성 하 게 할 1
품 환 할 친 9
2 0 1 9 년

좋은 친구들

좋 은 친 구 들
은 근 히 만 나
친 히 달 리 네
구 만 리 여 정
들 나 네 정 들

* 들나네 : 드러나다의 경남 방언

상상은 자유

백 마 탄 왕 자
마 나 님 될 나
탄 님 의 품 에
왕 될 품 이 사
자 나 에 사 랑

뜨거운 정만

뜨 거 운 정 만
거 의 동 기 가
운 명 도 피 지
정 의 하 는 바
만 지 길 바 람

* 가로와 세로 다름

소중한 만남

1

소 중 한 만 남
중 히 정 든 겨
한 정 더 해 진
만 든 해 이 사
남 겨 진 사 랑

2

향 기 참 있 소
기 억 하 는 중
참 하 늘 향 한
있 는 향 낭 만
소 중 한 만 남

영원한 사랑

행 복 만 영 영
복 주 사 소 원
만 사 신 중 한
영 소 중 하 사
영 원 한 사 랑

사랑 한 스푼

참 열 매 주 사
열 기 달 걸 랑
매 달 명 랑 한
주 걸 랑 키 스
사 랑 한 스 푼

꽃보다 향기

꽃 보 다 향 기
보 면 정 이 가
다 정 해 좋 다
향 이 좋 으 사
기 가 다 사 네

미소의 향기

미 소 의 향 기
소 박 도 한 가
의 도 한 향 차
향 한 향 좋 구
기 가 차 구 나

가로세로 같은 시 짓기

제2부

6×6=36자 한글퍼즐

행복한 기해년

산 다 는 건 다 행
다 들 평 강 만 복
는 평 안 풍 족 한
건 강 풍 류 주 기
다 만 족 주 는 해
행 복 한 기 해 년

가고 오는 세월

화 살 같 이 잘 가
살 며 이 리 놀 고
같 이 들 왔 다 오
이 리 왔 다 가 는
잘 놀 다 가 가 세
가 고 오 는 세 월

봄 찾아 산으로

봄 다 가 오 나 봄
다 맞 는 새 봄 아
가 는 산 길 길 어
오 새 길 지 나 서
나 봄 길 나 서 오
봄 아 어 서 오 오

* 오! 새 길 지나서

임이랑 꽃구경

고개내민참꽃
개나리들꽃봐
내리설레내임
민들레웃음이
참꽃내음살랑
꽃봐임이랑봐

* 참꽃 : 진달래꽃

찔레꽃을 보면

내 눈 아 주 아 찔
맘 이 가 지 지 레
아 가 적 사 랑 꽃
주 지 사 기 이 내
아 지 랑 이 피 고
찔 레 꽃 내 고 향

꽃과 벌 이야기

꽃 들 의 이 야 기
들 리 지 벌 들 도
의 지 함 이 사 랑
이 별 이 얻 는 꿀
야 들 사 는 힘 이
기 도 랑 꿀 이 요

백만송이 장미

1

사 모 한 다 고 백
모 레 도 그 이 만
한 도 없 이 전 송
다 그 이 위 함 이
고 이 전 함 심 장
백 만 송 이 장 미

2

백 만 송 이 장 미
만 발 이 쁜 미 소
송 이 마 다 고 와
이 쁜 다 발 명 시
장 미 고 명 하 되
미 소 와 시 되 다

여수 불꽃 축제

여 수 불 꽃 축 제
수 려 한 중 복 일
불 한 당 꽃 의 멋
꽃 중 꽃 피 고 진
축 복 의 고 운 밤
제 일 멋 진 밤 꽃

* 중복일 : 삼복 중 중간의 복날, 하루
* 불한당 : 불꽃이 불한당 같다는 의미

시원한 소나기

단비만나다시
비의물살기원
만물이흥분한
나살홍에좋소
다기분좋다나
시원한소나기

시도 꽃핀 가을

착 한 이 만 명 시
한 없 는 사 랑 도
이 는 달 달 한 꽃
만 사 달 콤 운 핀
명 랑 한 운 치 가
시 도 꽃 핀 가 을

흰눈이 온다네

설마나보다흰
마음품고첫눈
나품오픈사이
보고픈사랑온
다첫사랑이다
흰눈이온다네

* 오픈 : open

겨울 그 속에서

이 겨 야 지 봄 봄
겨 울 그 속 에 서
야 그 늘 한 기 서
지 속 한 꿈 가 히
봄 에 기 가 충 만
봄 서 서 히 만 끽

얼음 분수 축제

힘 찬 청 양 의 얼
찬 란 한 성 지 음
청 한 국 민 덕 분
양 성 민 족 정 수
의 지 덕 정 건 축
얼 음 분 수 축 제

* 성 : 얼음성
* 의지덕정 건축~
의 : 바른 도리
지 : 이치를 판별한 능력
덕 : 인격적 능력
정 : 친근감을 느끼는 마음

서산에 지는 해

새날또오소서
날짜일늘유산
또일정시한에
오늘시점날지
소유한날놓는
서산에지는해

* 날짜 일(하루) 늘 유산
* 소유한 날(하루 또는 나를) 놓는

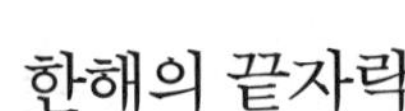

한해의 끝자락

연 초 가 생 생 한
초 바 늘 매 진 해
가 늘 한 순 정 의
생 매 순 간 한 끝
생 진 정 한 약 자
한 해 의 끝 자 락

* 가늘한 : 가늘하다
(가늘다의 방언~위태로운 순정의)

세상에 빛이라

삶 꽃 참 멋 일 세
꽃 피 고 진 상 상
참 고 운 맘 속 에
멋 진 삶 영 근 빛
일 상 속 근 원 이
세 상 에 빛 이 라

* 가로와 세로 다름
* 삶 꽃 : 웃음, 행복

하늘빛 고운 날

큰 축 복 의 산 하
축 인 재 미 다 늘
복 재 차 주 는 빛
의 미 주 는 건 고
산 다 는 건 천 운
하 늘 빛 고 운 날

* 축인 : 축이다~
축축하게 하다

태양을 가득히

멋진꿈의모태
진정의기양양
꿈의로이품을
의기이고나가
모양품나체득
태양을가득히

멋이 난 인생길

온 천 하 멋 있 고
천 상 늘 이 는 운
하 늘 을 난 듯 해
멋 이 난 길 산 보
있 는 듯 산 내 내
고 운 해 보 내 네

사랑 온다는 건

향 기 가 찬 매 사
기 쁨 진 복 일 랑
가 진 맘 의 평 온
찬 복 의 조 화 다
매 일 평 화 피 는
사 랑 온 다 는 건

* 찬(차있는) 복의 조화다

사랑을 위하여

매 사 품 지 신 부
사 랑 을 위 하 여
품 을 정 에 의 한
지 위 에 감 사 만
신 하 의 사 랑 복
부 여 한 만 복 이

임이 주신 사랑

환해진꽃나임
해님정피는이
진정고운진주
꽃피운참정신
나는진정감사
임이주신사랑

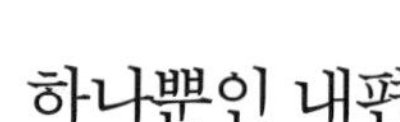

하나뿐인 내편

내전부인귀하
전부인정한나
부인살펴나뿐
인정펴는의인
귀한나의아내
하나뿐인내편

순응하고 살아

순응하고살아
응당인생길가
하인된자세로
고생자체운명
살길세운너랑
아가로명랑히

함께 기도 덕분

난늘최선다함
늘고상한님께
최상인삶의기
선한삶행복도
다님의복음덕
함께기도덕분

아름다운 인생

꿈 만 같 은 삶 아
만 족 이 인 이 름
같 이 다 들 좋 다
은 인 들 참 다 운
삶 이 좋 다 모 인
아 름 다 운 인 생

인생 웃고 살아

인 생 웃 고 살 아
생 젊 음 단 맛 이
웃 음 이 피 난 처
고 단 피 로 가 신
살 맛 난 가 정 법
아 이 처 신 법 임

* 살맛나는 가정법은 웃고 사는 전제 조건이다

살아야 할 이유

1

님 눈 부 신 햇 살
눈 물 푼 나 살 아
부 푼 망 고 따 야
신 나 고 산 뜻 할
햇 살 따 뜻 함 이
살 아 야 할 이 유

2

님 눈 부 신 햇 살
눈 물 푼 난 살 아
부 푼 행 복 따 야
신 난 복 산 뜻 할
햇 살 따 뜻 함 이
살 아 야 할 이 유

* 눈물 푼(푸다)~눈물이 사라지다

차 한 잔의 여유

내 인 생 안 식 차
인 열 기 온 후 한
생 기 위 한 굿 잔
안 온 한 취 향 의
식 후 굿 향 기 여
차 한 잔 의 여 유

* 굿 잔 : good 잔

세상의 주인공

멋 진 그 대 만 세
진 정 한 의 인 상
그 한 생 정 의 의
대 의 정 도 자 주
만 인 의 자 랑 인
세 상 의 주 인 공

* 대의 정도 자주~
대의 : 큰 도리
정도 : 올바른 길
자주 : 스스로 처리함

반갑다 친구야

멋진맘의기반
진정다연지갑
맘다분히개다
의연히정펼친
기지개펼친구
반갑다친구야

그리움의 반추

꽃 길 인 도 한 그
길 한 생 의 생 리
인 생 질 적 고 움
도 의 적 기 운 의
한 생 고 운 기 반
그 리 움 의 반 추

* 생리 : 생활하는 습성이나 본능

여행을 떠나요

멋진생활이여
진한매력산행
생매진원천을
활력원몸은떠
이산천은빛나
여행을떠나요

강물이 바다로

내 영 혼 인 생 강
영 영 자 연 명 물
혼 자 돈 이 물 이
인 연 이 어 진 바
생 명 물 진 리 다
강 물 이 바 다 로

꽃은 다시 핀다

고 운 꽃 여 인 꽃
운 치 미 인 생 은
꽃 미 소 지 은 다
여 인 지 극 한 시
인 생 은 한 번 핀
꽃 은 다 시 핀 다

* 운치 미인 생은
* 운치 미 인생은

시를 쓴다는 것

모든자연이시
든고유속내를
자유로이맘쓴
연속이는도다
이내맘도보는
시를쓴다는것

*든 : 들어 있는

시 쓰기 좋은 날

시쓰기좋은날
쓰다웃다하지
기웃한한수요
좋다한송이꽃
은하수이르나
날지요꽃나비

시쓰기좋은날
쓰다웃다하지
기웃한한수요
좋다한송이시
은하수이르나
날지요시나비

시쓰기좋은날
쓰다웃다하지
기웃한한수요
좋다한송이꽃
은하수이른시
날지요꽃시인

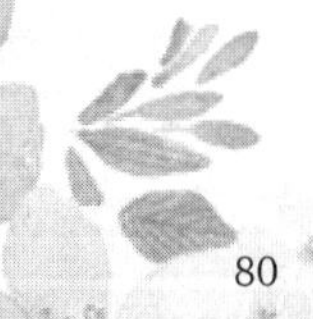

하나님의 말씀

행복명단축하
복영예언제나
명예론나의님
단언나눔삶의
축제의삶참말
하나님의말씀

진흙 속에 진주

모 진 고 생 세 진
진 통 하 오 찬 흙
고 하 얀 열 정 속
생 오 열 하 기 에
세 찬 정 기 다 진
진 흙 속 에 진 주

* 세진 : 세지다
* 찬 흙 : (조개 속에) 찬 흙

기해년은 희망

평화가꼭들기
화끈한남녘해
가한빛북풍년
꼭남북금년은
들녘풍년환희
기해년은희망

평화 통일하자

평 화 통 일 하 자
화 합 한 단 일 국
통 한 정 손 내 민
일 단 손 잡 고 봐
하 일 내 고 동 행
자 국 민 봐 행 복

잠 못 이루는 밤

어이자지단잠
이리도는연못
자도못한저이
지는한밤하루
단연저하되는
잠못이루는밤

불어라 바람아

희미하다등불
미친나시지어
하나님사고라
다시사랑간바
등지고간사람
불어라바람아

술이 약이라면

이 슬 인 생 마 술
슬 픔 도 적 음 이
인 도 한 신 의 약
생 적 신 한 병 이
마 음 의 병 사 라
술 이 약 이 라 면

* 이슬 (같은) 인생 마술
이슬인(참이슬) 생(에) 마술
* 마음의 병사다 : 마음을 지켜주는 병사다

E=MC^2

당 신 향 한 맘 E
신 난 기 가 오 =
향 기 전 함 C M
한 가 함 읊 는 C
맘 오 시 는 임 ^
E = M C ^ 2

* E=MC^2~
당신 향한 맘 에너지 E
= : 는
CM : 광고 송
C : 시 (poem)
^ : 의
2 : 제곱

가로세로 같은 시 짓기

제3부

7×7=49자 한글퍼즐

키스해도 될까요

그맛은진한쿠키
맛좋은한껏키스
은은한향진보해
진한향술보다도
한껏진보꿀맛될
쿠키보다맛날까
키스해도될까요

사랑이란 두 글자

행복은늘무나사
복된정순한너랑
은정의수단임이
늘순수도란도란
무한단란한모두
나너임도모한글
사랑이란두글자

* 무나사 : 물다

사랑이 오는 길목

피 어 난 생 에 감 사
어 린 풀 잎 도 사 랑
난 풀 에 이 는 꽃 이
생 잎 이 준 정 이 오
에 도 는 정 도 피 는
감 사 꽃 이 피 는 길
사 랑 이 오 는 길 목

* 난 풀 : 돋아난 풀

최선 다한 동행길

최 선 다 한 동 행 길
선 한 인 생 산 복 이
다 인 듯 한 나 의 길
한 생 한 임 만 봄 이
동 산 나 만 의 꽃 임
행 복 의 봄 꽃 이 사
길 이 길 이 임 사 랑

지고지순한 사랑

나 너 더 더 맘 주 지
너 더 욱 좋 을 시 고
더 욱 받 길 원 하 지
더 좋 길 위 하 는 순
맘 을 원 하 는 편 한
주 시 하 는 편 이 사
지 고 지 순 한 사 랑

피어난 님의 향기

피어난님의향기
어엿이찬미한가
난이리탄가벅차
님찬탄한예찬가
의미가예쁜사슴
향한벅찬사나이
기가차가슴이타

모두 다 사랑하리

세 상 님 들 다 사 모
상 대 품 어 줄 모 두
님 품 속 갈 만 하 다
들 어 갈 만 한 신 사
다 줄 만 한 여 자 랑
사 모 하 신 자 천 하
모 두 다 사 랑 하 리

풀잎의 이슬 사랑

사 랑 나 눈 달 밤 풀
랑 만 찬 물 빛 새 잎
나 찬 양 나 희 열 의
눈 물 나 눈 열 정 이
달 빛 희 열 은 구 슬
밤 새 열 정 이 르 사
풀 잎 의 이 슬 사 랑

* 랑만 : 낭만의 북한어
* 가로와 세로 다름

산에는 꽃이 핀다

참 멋 진 명 산 갈 산
멋 통 한 꽃 새 봄 에
진 한 향 내 날 여 는
명 꽃 내 한 아 름 꽃
산 새 날 아 가 없 이
갈 봄 여 름 없 이 핀
산 에 는 꽃 이 핀 다

* 갈 산 : 가야 할 산 또는, 가을 산
* 진한 향 내 날 여는 또는, 진한 향내 날 여는
* 명 꽃내 한아름 꽃 또는, 명 꽃 내 한아름 꽃

혜화동 회화나무

잎 새 마 다 찬 은 혜
새 싹 주 님 맘 혜 화
마 주 친 향 은 진 동
다 님 향 진 한 감 회
찬 맘 은 한 껏 동 화
은 혜 진 감 동 주 나
혜 화 동 회 화 나 무

* 혜화 : 은혜를 베풀어 교화함
* 은혜 진(지다) 은혜 입다
* 찬(차있는) 맘

봄바람 부는 날에

낭만준향이나봄
만인상긋웃는바
준상큼한향보람
향긋한마음전부
이웃향음미하는
나는보은하는날
봄바람부는날에

* 준 : 주다
* 가로와 세로 다름

봄이 오려나 봐요

새 봄 올 순 서 나 봄
봄 철 새 한 둘 봄 이
올 새 봄 이 러 시 오
순 한 이 춤 추 구 려
서 둘 러 추 위 가 나
나 봄 시 구 가 인 봐
봄 이 오 려 나 봐 요

* 올 새봄 이러시오~
오는 새를 보니 올 새봄 이러시오

나무에 걸린 낮달

담 은 저 이 눈 감 나
은 빛 예 쁜 길 동 무
저 예 쁜 생 가 지 에
이 쁜 꿈 매 달 은 걸
눈 길 가 달 수 그 린
감 동 지 은 그 한 낮
나 무 에 걸 린 낮 달

* 담은 저이 눈 감나~
(눈에 낮달) 담은 저
이눈 감나 (눈 감고
마음 속에 담고파서)
* 가로와 세로 다름

환상선 눈꽃열차

순수한기가순환
수려다분히환상
한다고상한시선
기분상쾌폭탄눈
가히한폭행복꽃
순환시탄복희열
환상선눈꽃열차

봄 여름 가을 겨울

나도같이도나봄
도가이는정도여
같이한날을가름
이는날창여는가
도정을여는생을
나도가는생즐겨
봄여름가을겨울

* 가름 : 가르다

설날이 다가오네

님새해첫길나설
새로맞이할이날
해맞는상기한이
첫이상행운살다
길할기운이든가
나이한살든다오
설날이다가오네

가기도 잘도 간다

거 품 품 은 생 인 가
품 었 던 총 명 생 기
품 던 님 에 성 은 도
은 총 에 의 한 곧 잘
생 명 성 한 기 한 도
인 생 은 곧 한 순 간
가 기 도 잘 도 간 다

내일을 향해 쏴라

큰 소 원 품 은 속 내
소 중 한 은 총 큰 일
원 한 꿈 고 운 맘 을
품 은 고 단 수 취 향
은 총 운 수 는 하 해
속 큰 맘 취 하 고 쏴
내 일 을 향 해 쏴 라

동해물과 백두산

나 아 갈 힘 찬 시 동
아 큰 길 이 상 원 해
갈 길 이 통 쾌 한 물
힘 이 통 렬 한 산 과
찬 상 쾌 한 멋 기 백
시 원 한 산 기 모 두
동 해 물 과 백 두 산

* 아 : 아이

이상이 높다 해도

이 상 이 높 다 해 도
상 큼 하 게 다 가 가
이 하 늘 오 르 는 맘
높 게 오 른 다 위 안
다 다 르 다 천 상 에
해 가 는 위 상 인 가
도 가 맘 안 에 가 득

* 해 가는 : 태양이 가는
또는, 해가는 (일을 해가는)

새들이 하늘 날고

새 들 이 하 늘 날 고
들 판 에 는 영 화 만
이 에 연 일 근 사 한
하 는 일 진 행 하 다
늘 영 근 행 복 게 임
날 화 사 하 게 함 이
고 만 한 다 임 이 라

연아 날아 올라라

하 늘 높 이 난 내 연
늘 핀 이 상 다 담 아
높 이 내 불 행 도 날
이 상 불 태 운 실 아
난 다 행 운 품 어 올
내 담 도 실 어 가 라
연 아 날 아 올 라 라

* 불행도 날 : 불행도 날아가다
* 행운 품어 올 : 행운을 품어 오다
* 담 : 겁이 없고 용감한 기운

별이 빛나는 밤에

1

한 참 다 품 은 내 별
참 미 소 지 은 눈 이
다 소 곳 이 한 이 빛
품 지 이 맘 도 별 나
은 은 한 도 인 되 는
내 눈 이 별 되 는 밤
별 이 빛 나 는 밤 에

2

별 이 빛 나 는 밤 에
이 맘 에 도 다 별 이
빛 에 인 꿈 보 이 는
나 도 꿈 꾸 면 빛 나
는 다 보 면 하 나 둘
밤 별 이 빛 나 구 려
에 이 는 나 둘 러 싸

달은 밤의 파수꾼

천개별과달하나
개벽한하늘나라
별한개지고가도
과하지고이인사
달늘고이보걸랑
하나가인걸축하
나라도사랑하지

아름답게 빛나네

이내별한눈감아
내눈도밤에사름
별도그중천응답
한밤중볼만한게
눈에천만의별빛
감사응한별하나
아름답게빛나네

* 사름 : 사르다(불사르다)

생명 다할 날까지

삶은우아한고생
은총인장생운명
우인들수행자다
아장수만복취할
한생행복에빛날
고운자취빛날까
생명다할날까지

* 우인 : 벗

살맛나는 여행길

살 맛 나 는 여 행 길
맛 좋 은 인 생 위 한
나 은 행 복 길 가 나
는 인 복 굳 이 정 의
여 생 길 이 안 녕 한
행 위 가 정 녕 여 행
길 한 나 의 한 행 로

나의 살던 고향은

큰감동은언제나
감긴물빛내일의
동물모두가잘살
은빛두사슴보던
언내가슴녹는고
제일잘보는방향
나의살던고향은

* 잘살 : 잘살다

고향에서 온 편지

글 귀 가 내 꿈 세 고
귀 한 산 천 이 상 향
가 산 의 놀 생 전 에
내 천 놀 던 동 부 서
꿈 이 생 동 다 가 온
세 상 전 부 가 내 편
고 향 에 서 온 편 지

* 가산 : 고향의 산천
* 내천 : 개천의 함북 방언

숲속 작은 오솔길

참 신 기 해 나 무 숲
신 난 여 가 는 지 속
기 여 하 지 새 창 작
해 가 지 든 다 좋 은
나 는 새 다 멋 지 오
무 지 창 좋 지 솔 솔
숲 속 작 은 오 솔 길

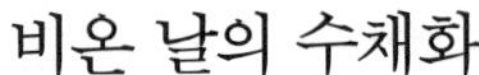

비온 날의 수채화

내 눈 물 인 청 순 비
눈 가 온 정 순 수 온
물 온 기 함 함 한 날
인 정 함 양 감 성 의
청 순 함 감 긴 향 수
순 수 한 성 향 색 채
비 온 날 의 수 채 화

* 함함한 : 소담하고 탐스러운

사과나무 아래서

인 생 언 제 나 감 사
생 길 내 일 일 성 과
언 내 진 심 깨 주 나
제 일 심 비 우 는 무
나 일 깨 우 는 책 아
감 성 주 는 책 볼 래
사 과 나 무 아 래 서

* 생길 내일 일 성과
* 언 내 진심 : 얼어붙은 내 진심
* 제 일심 비우는 무(無)

님 보내고 쓰는 시

도 시 가 잠 이 들 다
시 쓰 니 까 별 뜬 가
가 니 까 지 은 시 는
잠 까 지 달 아 난 가
이 별 은 아 프 다 요
들 뜬 시 난 다 씀 이
다 가 는 가 요 이 밤

나의 눈부신 친구

너의발길이빛나
의론길가는이의
발길마다정나눈
길가다꽃핀인부
이는정핀참정신
빛이나인정넘친
나의눈부신친구

* 인부 : 일하는 사람~(평범한 사람)

인생은 나그네길

길 마 다 땀 이 고 인
마 음 은 내 내 생 생
다 은 빛 난 발 길 은
땀 내 난 고 지 가 나
이 내 발 지 그 재 그
고 생 길 가 재 넘 네
인 생 은 나 그 네 길

커피 한 잔의 여유

커 피 한 잔 의 여 유
피 로 줄 고 기 운 난
한 줄 기 이 슬 감 히
잔 고 이 주 기 도 해
의 기 슬 기 도 는 피
여 운 감 도 는 천 하
유 난 히 해 피 하 죠

* 해피 : happy

어깨동무하고 가자

어깨동무하고가자
깨끗하지늘고운벗
동하는정이간명사
무지정겹도다너랑
하늘이도운친근한
고고간다친구사이
가운명너근사한놈
자벗사랑한이놈봐

Good poem

고운정서의영일G
운율열정미감심O
정열적시심이다O
서정시의장핀다D
의미심장한시향P
영감이핀시꽃이O
일심다다향이남E
GOODPOEM

* 고운 정서의 영(靈) 일지

사박 눈길 구두 발자국

사 박 눈 길 구 두 발 자 국
박 꽃 같 은 세 상 은 동 화
눈 같 이 한 주 도 적 인 눈
길 은 한 산 하 네 신 천 지
구 세 주 하 얀 눈 인 지 금
두 상 도 네 눈 도 빛 난 날
발 은 적 신 인 빛 남 기 지
자 동 인 천 지 난 기 류 요
국 화 눈 지 금 날 지 요 봐

* 눈(흰눈) 같이한 주도적인 눈(사람 눈)
* 발은 적신 인 빛(발자국) 남기지
* 자동인 천지 : 스스로 하염없이 변하는 천지

무수한 꿈이 스친 하늘

무 수 한 꿈 이 스 친 하 늘
수 없 이 많 이 쳐 다 본 다
한 이 많 아 도 보 네 모 양
꿈 많 아 도 나 는 수 습 해
이 이 도 나 도 만 백 성 이
스 쳐 보 는 만 천 번 찰 랑
친 다 네 수 백 번 하 늘 을
하 본 모 습 성 찰 늘 하 지
늘 다 양 해 이 랑 을 지 어

* 이랑 : 두둑(구분 짓는다는 의미)

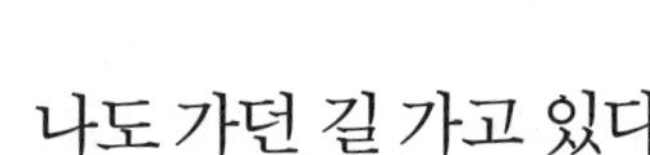

나도 가던 길 가고 있다

나도가던길가고있다
도통멋지게다가지만
가멋길나봐빛이나나
던지나내삶을지름길
길게봐삶을봐그대에
가다빛을봐요비로서
고가이지그비밀의꿈
있지나름대로의행로
다만나길에서꿈로망

* 비로서 : 비로소의 소리글

꽃이 피고 나비가 날아가지

꽃이피고나비가날아가지
이파리로만든악기다시금
피리리불어보고는그리도
고로불고이이운나일까바
나만어이뭐든하는지울라
비든보이든지오내울음보
가악고운하오라마음이면
날기는나는내마음이난날
아다그일지울음이난다아
가시리까울음이난다는가
지금도바라보면날아가지

가로세로 같은 시 짓기

가로세로 같은 시 짓기

가로세로 같은 시 짓기